W9-ASR-775

DATE DUE

YO SOY EL ELEFANTE

Aaron Carr

www.av2books.com

This **AV²** media enhanced book gives you a fully bilingual experience between English and Spanish to learn the vocabulary of both languages.

English   **Spanish**

AV² Bilingual Navigation

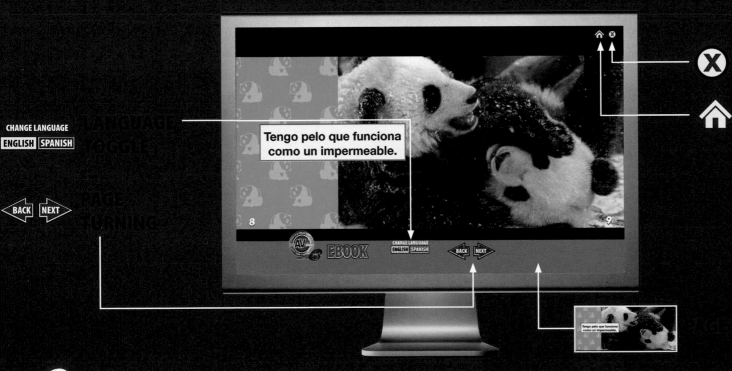

CHANGE LANGUAGE
ENGLISH SPANISH

LANGUAGE TOGGLE

BACK NEXT

PAGE TURNING

Tengo pelo que funciona como un impermeable.

X CLOSE

⌂ HOME

PAGE PREVIEW

2

YO SOY EL ELEFANTE

En este libro, te voy a enseñar sobre

- mí mismo
- mi comida
- mi hogar
- mi familia

¡y mucho más!

Soy un elefante.

4

Soy el animal más grande que vive en la tierra.

Al nacer peso 260 libras.

9

Uso mi nariz como si fuera un brazo.

Mis orejas son tan grandes como una persona.

Como 300 libras de comida cada día.

Bebo una bañera llena de agua cada día.

Duermo sólo tres horas al día.

19

Tengo colmillos de marfil.

Soy un elefante.

DATOS SOBRE LOS ELEFANTES

Esta página proporciona más detalles acerca de los datos interesantes que se encuentran en este libro. Basta con mirar el número de la página correspondiente que coincida con el dato.

Páginas 4–5

Soy un elefante. En la naturaleza los elefantes viven en África y Asia. Tienen un cuerpo enorme y masivo, y una nariz larga llamada trompa. Tienen dos dientes curvos llamados colmillos, uno en cada lado de la cabeza. La mayoría tiene piel gris, que puede medir hasta 1 pulgada (2.5 centímetros) de espesor.

Páginas 6-7

Los elefantes son los animales más grandes que viven en la tierra. El más grande que se ha registrado medía 13 pies (4 metros) de altura y pesaba más de 25,000 libras (11,400 kilos). Ese es el tamaño de seis camionetas apiladas una encima de la otra.

Páginas 8-9

Los elefantes bebés pesan 260 libras (118 kilos) al nacer. Eso equivale al peso de dos personas de tamaño promedio. Los bebés miden unos 3 pies (91 centímetros) de altura al nacer. Están cubiertos de pelo velloso. A un elefante bebé se le llama cría de elefante.

Páginas 10-11

Un elefante usa su trompa como un brazo. La usa para agarrar comida y para tomar agua. También usa su trompa para alcanzar las hojas de árboles altos y para rociar agua sobre su espalda cuando tiene calor.

Páginas 12–13

Los elefantes tienen orejas tan grandes como una persona. Ellos pueden medir hasta 6 pies (1.8 metros) de altura y 5 pies (1.5 metros) de ancho. Los elefantes abanican sus orejas hacia adelante y atrás para refrescarse cuando hace calor.

Páginas 14–15

Los elefantes comen 300 libras (136 kilos) de comida cada día. Eso es suficiente para alimentar a una persona promedio por más de dos meses. La dieta de un elefante consiste de bayas, hierba, hojas, corteza de los árboles y fruta silvestre.

Páginas 16–17

Los elefantes beben una bañera llena de agua (35 galones o 132 litros) todos los días. Es como beber 1,120 latas de soda. La trompa puede contener hasta 3 galones (11 litros) de agua. Llenan las trompas con agua por varias razones. Más a menudo es para beber.

Páginas 18–19

Los elefantes duermen sólo tres horas al día. A veces toman descansos breves estando de pie. Es similar a la siesta de los humanos. Otras veces, los elefantes se acuestan para dormir.

Páginas 20–21

Los elefantes tienen colmillos de marfil. El marfil se utiliza para hacer joyas. Algunas personas cazan elefantes solamente por sus colmillos. El elefante asiático se encuentra ahora en peligro de extinción. Hay menos de 50,000 de ellos en la naturaleza.

Check out av2books.com for your interactive English and Spanish ebook!

Tengo pelo que funciona como un impermeable.

1 Go to av2books.com

2 Enter book code | G 3 1 0 6 2 4 |

3 Fuel your imagination online!

www.av2books.com

Published by AV² by Weigl
350 5th Avenue, 59th Floor New York, NY 10118
Website: www.av2books.com   www.weigl.com

Carr, Aaron.
 [Elephant. Spanish]
 Soy el elefante / Aaron Carr.
    p. cm. -- (Soy el)
 ISBN 978-1-61913-174-3 (hardcover : alk. paper)
 1. Elephants--Juvenile literature. I. Title.
 QL737.P98C3618 2012
 599.67--dc23
                              2012021233

Printed in the United States of America in North Mankato, Minnesota
1 2 3 4 5 6 7 8 9 0 16 15 14 13 12

012012
WEP170112

Senior Editor: Heather Kissock
Art Director: Terry Paulhus

Weigl acknowledges Getty Images as the primary image supplier for this title.